DISCOVRS
ET CONGRATVLA-
TION A LA FRANCE.

SVR

L'arriuée des peres Capucins en l'Inde nouuelle de l'Amé-
ricque Meridionale en la terre du Brasil.

Appellée des François, Maragnon, sous l'authorité
de nostre tres-Chrestien Monarque Lovys
XIII. Roy de France & de Nauare,
& la conduite de Monsieur
de Rasilly.

uec la reception que leur ont faict les Sauuages de ce pays
& la conuersion d'iceux à nostre saincte Foy auec d'autres particularitez agreables non encores ouïes
ou imprimées de ce pays là.

Declarées par six paires de lettres que deux desdits Peres
a sçauoir P. Claude d'Abbeuille, & P. Arsene de Paris, Predicateurs ont escrites du 20. & du 27. d'Aoust de l'an passé
tant aux Peres de leur ordre, qu'autres personnes seculie-
res, auec la relation du Sieur du Manoir: desquelles toutes
voici le fidele rapport & extraict, pour euiter à repetition
de mémes choses, illustrées d'annotation pour la pleine
intelligence & contentement du lecteur.

A PARIS.

Chez DENIS LANGLOYS, ruë sainct Iacques
pres les Iacobins.   1613.

Auec Permission.

Isai.5.26. *Et elevabit signum in nationibus procul.*

Isai. 49. 22. *Hæc dicit dominus Deus:ecce leuabo ad gentes manum meam, & ad populos exaltabo signum meum,& afferent filios tuos in ulnis,& filias tuas super humeros portabunt.*

Sophõ.2.11. *Adorabunt eum viri de loco suo, omnes insulæ gentium.*

Matth, 24. 14. Marc.13.10 *Et prædicabitur hoc Euãgelium regni in vniuerso orbe,in testimonium omnibus gentibus,& tunc veniet consummatio.*

DISCOVRS
ET CONGRATVLATION

à la France, sur l'arriuce des Peres Capucins en l'Inde nouuelle de l'Americque Meridionale, en la terre du Brasil.

GRAND Royaume, & Peuple François, que tu as suiet de loüer Dieu, tres-Chrestien Roiaume, tes ioyes vont croissant de iour à autre oyant de si bonnes nouuelles, Soleil des Royaumes, la fleur des peuples de l'vniuers, tu es recommandable certes de tous poincts.

Et pour ton Antiquité en la foy Catholique, Religion Chrestienne, deuotion aux Autels diuins, & ferueur à ouyr la parole de Dieu.

Et pour l'amour à l'endroit de ton Prince naturel, & pour ton honneste naïueté, ou sincere rondeur en conuersant, qua litez que nulle nation porte sur le front comme toy.

Splendide, magnifique & magnifié

Royaume, sur tous les Royaumes de la terre.

Et pour la Majesté de ta Couronne, la belle & ancienne suite de tes Monarques iusques au nombre de soixante & quatre Roys, desquels les vns ont esté Empereurs & les autres Saints canonisez au Ciel, aussi pour la valeur & proüesses en guerre de ta gente vaillante, liberale noblesse aux cols de laict.

Et pour la sapience de tes vniuersitez, en toutes sortes de sciences, & facultez, & pour l'amplitude de tes Magistrats, & la prudence de tes Parlemens redoutables, la serenité de tes conseils, & les belles loix de ta Police.

Que dis je ?

Peuple sage, intelligent, grande nation, Illustre Royaume, Ciel estoillé de tant de beaux esprits polis, façonnez : certainement tu es illustres merueilles.

Pour les multitudes de tant de venerables Prelats, grands Eueschez, riches Abbayes, Chefs d'ordre.

Pour les multitudes de tant de Saincts hômes signalés en bonté, fameux en science, nobles de race, illustres en miracles, qui

ont vescu, flori, resplendi dedans & dehors
de tes monasteres.

Pour ta situation entre les deux grands
mers ou portant tes deux bras tu exerces
la pieté & iustice en tant de grãdes forces,
belles, riches, renommees & populeuses
villes, en vn pays de si grasse abondance, en
des prouinces si larges & plantureuses, & si
en nombre.

Que te reste-il pour le comble de tes
biens? Que peut on adiouster au bouquet
accomply de tes los, à la guirlande de tes
honneurs, à la couronne de tes gloires,
tissu en ce triple ternaire, signifié par ces
trois Lis d'or en vn champ azuré, sinon
qu'enrichy ce iourd'huy d'vn Roy Louys
le Roy des Lis tu sois soubs son authorité
bon odeur de IESVS, au hault, & au loin,
emmy des peuples Sauuages, plongez en
tenebres, & en ombre de mort d'infideli-
té, d'inciuilité & d'inhumanité.

Tu sois choisi de Dieu à ton tresgrand
honneur, contentement, & ioye pour y
porter le nom suaue du Redempteur, es-
tablir le sceptre imperial de sa triomphan-
te croix, sacré signe, & signal du fils de
l'homme, & guidon du grand Roy des

Roys, ou les peuples à sauuer se doiuent tousranger, & y semer aussi la bonne nou-uelle de son Euangile porte-salut aux croyans.

Iadis iusqu'en l'Occident, & tirant au midi par le grand Charlemagne auec le glaiue de fer tu as monstré ta valeur contre les Sarrazins importuns a l'Espagne.

Iusques dans l'Orient par le grand sainct Louys vne fois, deux fois, tu as fait resentir à l'impieté Turquesque la force de tô bras, & arboré ce bel estendard de la saincte Croix dans la Palestine ; par vn Duc de Bouillon, vn Duc de Mercœur, & vn Duc de Neuers. Ils ont tremblé a ce nom de François, qui leur sera fatal, & as montré ton courage le coutelas en main.

Iudicum. 5. 8.

Mais maintenant *Noua bella eligit Do-minus Clypeus, & hasta si apparuerint*, nou-uelles guerres, conquestes tout au re-bours, boucliers, & lances s'ils se verront icy ; point du tout, mais la Croix de I E S V S, mais l'autel du grand Roy des armées a-uec son suraguste Missah, qui est le glaine de Dieu & le glaiue de Gedeon, de celuy qui est Dieu, & hôme tout ensemble, mais l'eau beniste qui chassera les Diables, mais

la conqueſte des cœurs antropophages ou
manges-hommes à la ſeule oüye de la parole de Dieu, qui toute   inhumanité poſée
aimeront deſormais leur prochain comme
euxmeſmes, qui quittant l'impudence, & la
non-pudeur ſe reueſtiront de blanc d'in-
nocēce, & de pudeur honneſte, qui de bru-
talité entreront en raiſon, & tu es choiſie,
ô France, pour faire telle guerre ? En ton a-
me, di moy, n'eſt ce pas la vne guerre à ſce-
ptre de Lis, à roſes, & à fleurs? qui ouyt iamais choſe ſemblable es batailles mondai-
nes ? Mais ce ſont les guerres du grand A-
mant IESVS.

Que te reſte-il donc maintenāt apres tes
vieux combats, ſinon de t'eſiouir plantant
la foy, la loy, parmi vne gent farouche en
ſes mœurs, inhumaine en ſes faits : mais
facile pourtant à ſubir le doux ioug de ton
humain abord, choſe que n'a peu faire le ſu-
perbe ou ruſtique Portugais auec ſes rigi-
des entrées. Eſioüis toy dōc Prince des Lis,
car c'eſt là ta plus grand gloire de ſeruir au
grand Roy du Ciel, & de la terre, de legat,
d'Ambaſſade de ſes merueilles & grādeurs
aux Iſles eloignées aux parties plus loingtaines de la Religion Auſtrale.

Cette sage Princesse tres-chrestienne,
tres-catholique, magnanime en courages
côme vne autre Iudith nostre grãd Reyne,
regente, nostre Dame, & maistresse a faict
cette demande par lettres aux R R P P
Superieurs des Capuçins de la Prouince
de France & de Paris ses tref-humbles
subiets, assemblez en Chapitre d'accor-
der au Sieur de Rasilli Lieutenant Gene-
ral establi de sa Maiesté en ces contrées
loingtaines vn nombre de Religieux pour
l'employ d'vne si saincte, mais dangereuse
entreprise. Cela pourtant luy a esté tref-
librement accordé, & pour quatre seulement qui maintenant y sont comme ex-
plorateurs de la terre, tous quatre Prestres
& predicateurs, Pere Yues d'Eureux, P
Claude d'Abbeuille, P. Ambroise d'A-
myens, & P. Arsene de Paris, cinquante de
tous ceux qui se trouuerent en l'assemblee
capitulaire se sont trouuez escrits sur le
roole qui tous ont offert le hazard de leur
vie d'vn cœur franc & noble pour s'em-
ployer au salut de ces pauures Payens, de
ces pauures Sauuage, de ces pauures bou-
leuersez de la tempeste du Diable sans
consolateur ny pere. En voila donc à la
gloire

gloire du grand Sauueur le plein narré au-
gmenté de trois paires de lettres plus frai-
ches que les precedentes. Narré ie dis & de
leur enuoy, & de leur nauigation partie tra-
uersee, partie prospere, & de leur arriuée
heureuse, & de tant de bien que sa Maiesté
par eux a desia operé, & de tout plein de
particularitez qui n'ont encore paru dans
le public es autres imprimez : Lisez donc.

Mais auparauant, afin que le Deyste, ny
le Censeur mondain, le moqueur hereti-
que ne se rie de si honnorables desseins,
qui viennent premierement du Ciel. Ils
sçauront que c'est chose dés long temps
prophetizée des saincts qui ont parlé inspi-
rez du sainct Esprit.

Le Prophete Isaye * n'a-il pas dit *propter
hoc : in doctrinis glorificate dominum, in insulis
maris nomen domini Dei Israel* : Pour ce que
ie feray au milieu de la terre glorifiez en le
Seigneur en doctrines, prechez le par tout
es Isles de la mer, annôcez, glorifiez le nom
du Seigneur. Dieu d'Israel. Et ailleurs *
Voila mon Seruiteur, ie le ioindray à moy,
mon choisi, mon ame s'est compleue en
luy, i'ay donné mon esprit en plenitude
sur luy, il prononcera iugement aux Gen-

Notes marginales :

Le Hu-
guenot si
ce n'est luy
qui paroit
il deprise
tout ce qui
se faict par
l'Eglise
c'est la son
esprit de
gloire qui
luy ronge
le cœur sás
finir.
Isai. 24, 15

Isa. 42. 12
3. 4. 6. 10. 12
Matt. 12, 18

fils, &c. Et les Isles attendront auec expectation sa loy, ie t'ay donné en aliance du peuple pour lumiere aux Gentils, afin que tu ouures les yeux des Aueugles, & tirasses des cachots, le Prisonnier de la geole, & prison, & ceux qui sont seans en obscures tenebres.

Chantez au Seigneur vn Cantique noueau, sa loüange est des extremitez de la terre, vous qui descédez en mer, & sa plenitude aussi, Isles & les habitans d'icelles, Chantez, & plus bas, *Ponent Domino gloriã & laudem eius in insulis nunciabunt:* Ils donneront gloire au Seigneur, & prescheront sa loüange aux Isles.

Le mesme prophetize qu'elles receuront sa loy : mon iuste est proche, mon Sauueur est sorti (se dit Dieu le pere;) & mes bras iugeront les peuples, les Isles m'attendront & soustiendront mon bras, c'est à dire, receuront mon fils.

Et autre part * parlant à son Eglise qui est la Romaine, Car d'autre iamais cela ne s'est verifié.

Car les Isles m'attendent, & au commencement les Nauires de la mer, afin que ie t'amene tes enfans de bien loing.

Isa. 51. 5.

Isa. 60. 9.

Et au soixante sixiesme *Chapitre, Dieu par le mesme Prophete dit. Et ie mettray en eux le signe, & en enuoiray de ceux qui sont desia sauuez aux Gentils en mer, en Africque, & Lydie, qui descochent la flesche, en Italie, en Grece, & aux Isles biē loing, à ceux qui n'ont point ouy parler de moy, & n'ont point veu ma gloire, & annonceront ma gloire aux Gentils, & les ameneront en don, & en present au Seigneur: Riches presents certes & precieuses perles à Dieu.

Isai. 6. 19. Il veut dire les peuples qui ne se laissent pas aborder de pres ou aisément: Mais de loing vous tirent des fleches comme font ces Sauuages cy.

Le Prophete Sophonie. * Les Illustres hommes l'adoreront de leur lieu, & toutes les Isles des Gentils.

Sophon. 2. 11.

Le grand Inspirateur des Prophetes par son Esprit IESVS CHRIST à aussi prononcé & prophetisé.

Et cet Euāgile * du Royaume sera presché en tout le rond vniuersel de la terre, en tesmoignage à tous les Gentils, & alors viendra la consommation du monde, assauoir. Ainsi nous autres Catholiques deuōs nous auoir vne grāde ioye de voir la parole de Dieu s'accomplir fidelement de iour à autre, & non par autre congregation & assemblée, que par la Saincte Eglise Ro-

Matth. 24. 14. Marc. 13. 10.

maine; Et doit en particulier ce grand Royaume, remercier Dieu qui se sert de luy pour porter si loing la gloire de ses trophées.

L'extrait qui suit, vous fera foy de cette verité, faict, & tiré de quatre lettres, que le P. Arsene vn des quatre a escrit de ce pays là, vne au R. P. Commissaire Prouincial, vne au R. P. Custode de la custodie de Paris, vne au R. P. Vicaire du conuent de Paris, & vne à son frere, dont trois sont dattées du 27. d'Aoust, & disent dauantage que sa quatriesme du 20. Vne du R. P. Claude à ses deux freres, Monsieur Foulõ, & le P. Martial, & vne commune des deux susdits Peres escrite à Monsieur Fermanet: & pour vous faire vne histoire & narré agreable, & ne repeter les mesmes choses tout a esté compilé, & mis en vne seule lettré comme vous voirez, & tres fidelement auec leur paroles propres. Or lisez au nom de Dieu.

EXTRAIT

EXTRAIT ET TRES-FIDELE rapport de six paires de lettres des Reuerens Peres Claude d'Abbeuille & P. Arsene predicateurs Capuçins ecrittes tant aux Peres de Paris de leur ordre, qu'autres personnes seculiers dont il y en a quatre du R. P. Arsene, & vne du P. Claude, & vne commune des deux ensemble.

MES Reuerens & treschers Peres, Dieu vous donne sa paix. Nous vous enuoyons ce petit mot, pour vous donner auis, & nouuelles du succés de nostre voyage, & comme auec l'aide de Dieu nous sommes heureusement arriués en cete terre du Brasil en l'isle de Maragnon * entre le peuple appellé Topinabas, & ce non sans beaucoup de fatigues: car nous auons esté cinq mois sur la mer, les incommodités de laquelle persone ne peut cognoistre sinon ceux qui les reséter, & pour autât que Monsieur de Rasilly, s'en retourne & repasse en France dans deux ou trois moys pour nous ramener vn nou-

** Ceste denominatiô vient du grãd fleuue nommé Maragnon, qui prend sa source & son commacement diã fond du Peru, vne des Prouinces de ce monde nouueau meridional & coule en la terre dũ Brasil.*

ueau secours, c'est la cause pourquoy, nous differons à vous ecrire pour lors plus amplement tous le succés de nostre voiage, tant ce que nous auons veu sur la mer, que ce que nous auons trouué sur la terre de ce pais, & monde nouueau. Nous nous contenterons pour le present de vous mander bien à la haste par cette commodité qui se presente, que pour venir en ce lieu notre route à esté telle qu'apres auoir fait voilé à Cancale port de Bretagne estant quelque deux cens lieües en mer, il se leua vne telle tourmente qu'elle separa tous nos trois vaisseaux les vns des autres, & nous sommes estonnes, nõ seulement nous, mais mesmes tous nos meilleurs pilotes comme pas vn de nosdits vaisseaux n'aie fait naufrage, neaumoins Dieu nous preserua en telle sorte que nous retrouuames nos deux autres vaisseaux etans relachez en Angleterre à cause de ce mauuais temps comme nous vous auons mandé de là, ie croy que vous aurés receu nos lettres.

Le lundi donc de Pasques nous partimes de Plume * en Angleterre d'ou estans partis nous auons eu tousiours du bõ vent, & temps asses fauorable excepté quelques

En la propre langue c'est Plimouit.

iours en la cotte de Guineé, qui est fort dã-
gereuse pour les maladies du pays: de Plume: donc nous fumes secondez d'vn vent
si fauorable qu'en peu de téps il nous feit
passer les Isles de Canarie, & passasmes entre l'Isle appellée forte venture, & la grãd
Isle de Canarie: lesquelles Isles nous vis-
mes fort à decouuert. Des Canaries nous
gagnasmes la cote d'Aphricque au cap de
Baiador costoiant tousiours les costes de
Barbarie, de Baiador nous rengeames
cette coste d'Aphricque iusqu'a la riuiere
ditte Lore par les Espagnols prés de laquelle nous mouillasmes l'Anchre, de là
nous rengeames encore la coste d'Aphri-
que iusques au cap blanc, lieu qui est droit
sous le tropique de Cancer. Du cap blanc
nous veismes ranger la cotte de la Guinée
passant entre les Isles du cap verd, & le
cap.verd, lieu fort dangereux, pour les maladies contagieuses qui prénét en ce pays
en certaines saisons de l'annee, & cette
maladie prend aux genciues en telle sorte
que la chair vient surmonter les dens &
mesmes les fait tomber du lieu desquelles
etant tombées sort du sang en si grande
abondance qu'on ne le peut etancher, de

forte que cela auec le mal d'eſtomach, & l'enfleure qui prend au meſme temps emportét leur hôme, & y en à bien peu qui en rechappent, bien que Dieu merci il n'é ſoit point pourtant mort de tout noſtre embarquement pendant le voyage : mais eſtans arriuez à l'entrée de la terre, il en eſt mort trois, qui ont eſté enterrez. Or de cete cotte de Guinee, nous vinſmes à nous approcher de la ligne Equinoctiale, * qui nous fut d'vn acces tant difficile, que nous ne penſions pas la paſſer à ſi bon marché, veu la ſaiſon où nous eſtions: car elle nous fit vn peu de peine à paſſer pour vn vent contraire qui s'eleua, qui nous tinſt bien quinze iours. ce qui nous mettoit en des grandes apprehenſions, que les calmes ne nous vinſlent encore prendre auparauant que de pouuoir paſſer : mais graces à Dieu petit à petit, & quoy que le vent fut contraire, nous fimes tant de bordées qu'en louuoyant nous la paſſames & nous rendiſmes du coſté de l'emiſphere du Midi, Ayant paſſé la ligne, nous vinſmes & arriuaſmes en vne petite Iſle appellée Fernand de la Roque * ſituée à quatre degrez de hauteur vers le Midy de cinq à ſix licües lieuës de tour, Isle fort belle & gratieuse, toutes les proprietés de laquelle nous vous escrirons [Dieu ayant] à la premiere commodité, c'est vn vray petit Paradis terrestre : En ceste Isle nous mismes pied à terre, & vous diray seulemét que nous y trouuasmes dix-sept, ou dix. huict Indiens Sauuages, auec vn Portugais, lesquels estoient tous esclaues & releguez en ceste Isle par ceux de Fernambuco, * vne partie desquels Indiens (cinq àsçauoir) nous baptisames. Apres auoir planté la Croix en ceste Isle au milieu d'vne chapelle que nous y disposames pour y dire la saincte Messe, apres que nous eusmes beni le lieu, où nous demeurasmes quinze iours : Nous mariasmes aussi deux de ces Sauuages, vn Indien auec vne Indiéne, apres les auoir baptisez : L'autre partie nous ne les voulusmes pas baptiser en ce lieu, mais trouuasmes bon de differer le baptesme iusques à ce que nous fussions arriuez au lieu que nous pretendions; si bié que nous deliurasmes tous ces Sauuages, & d'esclaues qu'ils estoient les auons rendus libres à leur grand contentement: ils nous dirent qu'iis vouloient tous venir demeurer auec nous à Marag-

*Fernand de Lorône, ou Loronho, mais à cause d'vn cap voisin de là qui s'appelle en Espagnol Saroque, c'est à dire en Frãçois S. Roch, c'est pourquoi les nautõniers Frãçois l'ont nommé Fernand de Roque.
Ce Fernambuco est vn lieu du Brasil où sont maintenãt les Peres, qui est voisin du bord de la mer

non:comme de faict ils y font. Nous les auons donc amenez auec nous, auec force cotton, & autres marchādises qu'ils auoiēt. De Fernād de la Roque nous vinsmes gaigner, & rāger la coste du Brasil, & cōtinuāt noftre chemin sommes venus iusques au cap de la Tortuë, terre ferme du Brasil, au pays des Canibales, où Eusebe dit en son histoire, que S. Matthieu Apostre a passé, à la veüe de cette coste du Brasil. Ie vous laisse à penser si nous eusmes de la ioye, & du contentement de voir les terres tant desirées, & pour lesquelles il y auoit cinq mois que nous estions flottans par la mer.

Or apres auoir esté quinze iours au cap de la Tortuë, nous fismes voile, & arriuasmes en l'Isle de Maragnon, & y veinsmes moüiller l'Anchre le iour de la glorieuse Saincte Anne, mere de la sacree Vierge Marie,* dequoy ie m'esioiuys (ce dit le Pere Claude) infiniment, de ce qu'en ce iour que i'ayme tant, nous eusmes ce bon-heur que d'arriuer en nostre lieu tant desiré.

Le Dimanche ensuiuant nous meismes tous pied à terre, & en chantant le *Te Deum laudamus*, l'eau beniste faicte le *Venicreator*, les Litanies de nostre Dame estāt chātees,

nous alaſmes en proceſſion depuis le-lieu
de noſtre decente iuſques au lieu que nous
auions deſigné pour y planter la Croix, laquelle etoit portée par Mōſieur de Raſilly
& tous les principaux de noſtre cōpagnié.
Puis cette Iſle, qui iuſques à maintenant a-
uoit eſté appellée l'iſlette, eſtāt beniſte, fut
appellee par le Sieur de Raſilly , & de la
Rauardiere l'Iſlette S. Anne, par ce que
nous y eſtions arriuez ce iour là, & à cauſe
de Madame la Comteſſe de Soiſſons qui ſe
nōme Anne, laquelle eſt parente de Mon-
ſieur de Raſilly : puis nous y plantaſmes la
Croix. La place donc ainſi benitte, & la
Croix plantée, il fut enterré au pié d'icelle
vn pauure homme de noſtre compagnie
qui eſtoit vn des trois qui moururent, lequel eſtoit tonnelier de ſon eſtat .

Toute cette action eſtant faicte en cette
Iſle au grand contentement d'vn chaſcun,
apres y auoir eſté quelques huict iours,
nous parteiſmes de cette Iſlette pour al-
ler en la grande Iſle de Maragnon habitee
des Sauuages (qui ſont les pierres pretieu-
ſes que nous cherchions) où eſtans par la
grace de Dieu arriuez en bōne diſpoſition
& ſanté. eſtans reueſtus de noz habits de

serge grize, assez fine à cause des chaleurs de cette Zone torride, & reuetus par dessus nos habis d'vn beau surplis blanc, & portans en la main nos batons, & la Croix au dessus, où sôt nos Crucifix, nous descédeimes tous de nostre vaisseau dãs vn Canot, qui est vne sorte de batteau que font les Indiens tout d'vne piece, où estans tous ces Sauuages qui estoient sur le bord de la mer auec Monsieur de Rasilly, & beaucoup de François tant de nostre equippage que de celuy de Monsieur du Manoir, & du Capitaine Gerard aussi Frãçois que nous auõs trouué icy, beaucoup de ces Sauuages se ietterent en nage dans la mer pour venir au deuant de nous. * Et ainsi conduits de cette armée, passames & mismes pied àterre, où le Sieur de Rasilly s'estant mis à genoux auec tous les François pour nous receuoir (qui estoit vne espece d'honneur non accoustumé) nous estans entre-embrassez, & baisez pour salutation, i'eus le bon heur (se dit le Pere Claude) d'entonner le *Te Deum laudamus*, selon le chant de l'Eglise, que nous poursuiuismes alans en procession auec tous les François pleurans de ioye & d'allegresse estans suiuis des In-

Icy amis le-cteurs vous remarque-rez l'admi-rable chan-gement que Dieu a fait en ces pau-ures ames, car d'autres Ecclesiasti-ques qui y ont faict voi-le autre fois n'ont peu les apprimoiser en faço quel-conque, car quand ils les voioient ils se iettoient tout aussitot comme ca-nars, gre-souilles & plongeons dans les ma-ais du pais & riuieres & n'en sortoiet iusqu'à ce qu'ils s'en fussent tous allez, Dieu montre bien maintenant sa puissance

diens. Et ainſi priſmes poſſeſſion de cette miſericorde ſur ces paſſures Sauuages. terre, & monde nouueau pour I E S V S-C H R I S T, & en ſon nom, eſperans de be-nir la place, & d'y planter la Croix vn de ces iours que nous auons differé à deſſein. Ie laiſſe toutes les autres particularitez quand ie vous eſcriray plus amplement de la ſuitte de noſtre voyage. Seulement ie vous diray encores en paſſant, que le Di-manche 12. iour d'Aouſt, iour de ſaincte. Claire, nous celebraſmes tous quatre la premiere Meſſe en ce pays. C'eſtoit bien la raiſon que le iour d'vne Saincte Vierge de noſtre Ordre, laquelle a apporté vne nouuelle lumiere au monde, fuſt ordonné de Dieu pour faire paroiſtre vne lumiere nouuelle (à ſçauoir la lumiere de ſon ſainct Euangile) en ce monde nouueau.

Et ie ne puis vous dire maintenant le grand contentement que ces pauures Sau-uages ont receu de noſtre venüe. C'eſt vn peuple tout acquis, & gaigné, peuple grãd à la verité qui nous aime, & affectionne in-finiment, ils nous appellent les grand Pro-phetes de Dieu, & de Ioupan, & en leur langage du pays Corribain, Matarata. L'õ nous a apporté de bõnes nouuelles depuis que nous sommes icy. A sçauoir que ceux de Para* qui est vn autre peuple voisin des Amazones d'vn costé, & de l'autre costé voisin de cettuy-cy, où il y a cent mil hommes seulement, lesquels nous desirent extremement, & nous veulent auoir pour les instruire. Si bien que ie vous diray en vn mot, que *messis multa, operarij autem pauci*, la moisson est grande, mais nous sommes trop peu d'ouuriers pour y trauailler. Car si nous voulions des maintenant il s'en baptiseroit vne grande partie. Cela est vray que *regiones albescunt ad messem*, ces regions icy blãchissent pour le besoin qu'elles ont de la moisson, & que le temps est venu que Dieu veut estre icy adoré, & recognu.

Maintenant nous sommes apres pour trouuer vne place pour nous camper, & y faire vne Chapelle, tant qu'il soit venu des Maçons de France pour faire vne Eglise: mais se sont tous bois taillis, qu'il faut deffricher au parauant.

Au reste ie ne vous puis dire maintenant le grand contentement que ces pauures Sauuages ont receu de nostre venuë, Ils nous donnent de tres-belles esperances de leur conuersion. Tout ce peuple, quoy

que brutal & barbare, si est-il neantmoins
si fort ioyeux de nostre arriuee, qu'ils nous
viénent tous voir auec grand' ioye:ils mõ-
strent vn grandissime desir de se faire instruire au Christianisme, ie croy que quand
nous serons versez en leur langue, qu'il y
aura pleinement à moissonner, & du contentement pour ceux qui auront bien du
zele de Dieu, & du salut des ames. Ils pre-
parent tous leurs enfans pour nous les a-
mener pour instruire ; & nous ont promis
de ne plus manger de chair humaine. Il est
d'ailleurs fort bonnasse, point malicieux,
N'a aucune Religion sinon qu'il à la cro-
yance d'vn Dieu qu'ils appellent Ioupan,
& croit l'immortalité de l'ame. Quant au
pays, c'est vne terre fort bonne , & fertile
il n'y a iamais de froidures, mais vn conti-
nuel Esté, on n'y sçait que c'est de froid, les
arbres y sont tousiours verds, & en tout
temps. Et les iours & les nuicts tousiours
esgaux, le Soleil s'y leue tous les iours à six
heures du matin , & se couche à six heures
du soir. Nous ne sõmes qu'a deux degrez,
& demy de la ligne equinoxiale , ou de
l'Equateur. On tient qu'il y a force riches-
ses en ce pays, comme mines d'or, des pier-

res pretieufes, de perles, de l'ambre gris:
Apres il y a force poiure, force cotton, force herbe à la Reine, ou petun, force fucre.
Bref nous vous affeurons que quand on y
fera eftably qu'on s'y trouuera côme en vn
petit Paradis terreftre, où on aura toute
forte de commodité & côtentement: iene
puis vous en dire dauantage, ce fera pour
le retour de Monfieur de Rafilly, que ie
vous manderay d'autres chofes en particulier. Au refte iamais ie ne me portay mieux
qu'à prefent, graces à Dieu, ne beuuãt que
de l'eau (ainfi parle le P. Claude.) Si en
France, il m'euft fallu faire la milliefme
partie de ce qu'il faut faire icy, ie penfe que
mille fois ie ferois mort, en quoy ie reco-
gnois que *non in folo pane viuit homo*, l'homme ne vit pas feulemét de pain. Il faut que
les delicats de France viennent icy, ie loüe
Dieu de ce que iamais ie ne fus malade fur
la mer, du mal ordinaire, au' grand efton-
nement d'vn chacun, feulement venant au
pays des chaleurs, lors que nous eftions iu-
ftement fous le Tropicque de Cancer, le
Soleil monftant alors, i'eus d'eux ou trois
petits accez de fiebures, qui fe pafferent
auffi toft, Dieu mercy: ie laiffe le refte pour

vn autre temps, le temps, & les affaires no[us]
preſſent. Priez Dieu pour nous s'ils vous
plaiſt, & pour toute noſtre compagnie, &
faites prier tant que vous pourrez, car iamais nous n'euſmes tant beſoin desgraces
de Dieu, ſans leſquelles nous ne pouuons
rien maintenant. Ce que ſi vous faictes,
Dieu vous en ſçaura gré.

Sommaire Relation de quelques autres choſes
plus particulieres qui ont eſté dictes de bou-
che aux Peres Capucins de Paris par Monſi-
eur du Manoir.

Onſieur du Manoir qui eſt vn
des Capitaines deſquels il eſt
parlé en la lettre precedente
qu'ils trouuerent en ce pays là
auec le Capitaine Gerard
eſtant reuenu en France ces iours der-
niers, & leur ayant luy meſme apporté la
ſuſditte lettre auec pluſieurs autres, quel-
quesvnes deſquelles nous auõs bien voulu mettre icy : à ce que les merueilleuſes
œuures de Dieu, deſquelles ces lettres fõt
foy, ne ſoyent enſeuelies dans le tombeau
d'oubly : ains qu'elles ſoyent miſes au iour,
à ce que les hommes ayent ſubiet de

loüer la sagesse, prouidence, & bonté du
Createur) leur à dit de bouche plusieurs
particularitez de leurs Peres, qui ne sont
pas contenües dans la susdite lettre, ny
dedans les suiuantes. Il dit donc que les
Peres estans arriuez en ce pays, ils com-
mencerent à planter leur pauillon faisant
vne maniere de Chappelle pour y dire la
Messe, & quelques petites cellules pour se
loger, à quoy faire ces pauures Sauuages
leur aidoyent eux mesmes auec des toilles
& rameaux d'arbres. Ce qu'estant acheué
vn iour comme vn Pere disoit la Messe,
voicy venir vn de ces Sauuages des plus
anciens (qu'ils tiennent comme leur gou-
uerneur, les honorant, & respectant à cause de la vieillesse) lequel en amena trente
autres auec luy pour entendre la Messe, ce
qu'ils firent, & ce auec vn grandissime
estonnement, & admiration voyant tant
de si belles ceremonies, & de si beaux or-
nemens qu'ils n'auoyent accoustumé de
voir [car ils vont tous nuds tant hommes
que femmes] Or quand le Prestre appro-
cha de la consecration comme vers l'of-
fertoire, ils tirerent vn rideau qui estoit
entre le Prestre & le peuple, de sorte que

ces pauures gens ne pouuoient plus voir le Prestre, ny ce qu'il faisoit là derriere, ce qui les scandalisa fort de ce que l'on leur auoit fait vn tel affront, qui fut cause qu'apres la Messe ils allerent trouuer les Peres, leur demandant la cause pourquoi ils leur auoient ainsi faict cest affront, à quoy les Peres respondirent que ce qu'ils en auoiét fait, n'estoit pas pour les brauer; mais que c'estoit pour ce qu'ils estoient encores Payens, & que par consequent ils ne pouuoient pas celebrer la Messe en leur presence, leur estant ainsi enioinct de l'Eglise: ce qu'entendant s'appaiserent, & se rédirent fort capables: puis s'en retournerent racontant le tout à leurs femmes, lesquelles desireuses de voir ces grands Propheres de Dieu, & de Ioupan, s'assemblerent grand nombre pour les venir voir: mais les Peres ne leur voulant ouurir la porte de leur petite cabane, à cause qu'elles estoiét toutes nuës, elles n'eurent pas la patience du second refus: car rompant la porte (qui n'estoit pas difficile à rompre) elles entre-rent dedans, & regardans & contemplans ces Propheres, elles ne se pouuoient saouler de les regarder, y estans toutesfois vn

peu trop long'temps, les Peres les prierent
de se retirer, ce qu'elles firent. Apres ceste
visite ces Anciens vieillards desquels nous
auons parlé, s'assemblerent grande multi-
tude pour aduiser entre eux quel present
ils deuoient faire à ces Prophetes en signe
de bien-vueillance, & de resiouissance de
leur arriuée. Ils voulurét finalemét qu'at-
tendu qu'ils couchoient sur la dure, qu'il
leur falloit faire present d'vn mattelas de
cotton pour chascun (car le cotton croit
en ce Pays] auec chascun vne des plus belles filles, qui est vn des plus grands presens
qu'ils ayent accoustumé de faire. Ayans
donc apporté quatre mattelas, & amené
quatre belles filles, ils les offrirent aux Peres. Mais les bons Peres se riant de cela; ils
accepterét fort volontiers leurs mattelas,
leur rendant leur filles auec vn remercie-
ment. Ce qui estonna fort ces Sauuages
disant les vns aux autres. quoy ? ces Pro-
phetes cy ne sont ils pas hommes comme
nous ? Pourquoy donc n'acceptent ils pas
ces filles estant chose impossible qu'vn
homme s'en puisse passer ? Pourquoy nous
font il vn tel affront ? mais noz Peres pre-
nans la parole ils respondirent que ce n'e-
stoit pas qu'ils reprouuassent le mariage,

quand il estoit selon les loix de Dieu , tant
s'en faut qu'ils le louoient , mais que Dieu
leur ayant octroyé des graces plus particulieres qu'aux autres hommes à cause
qu'ils le seruent plus parfaictement il pou-
uoyent facilement par le moyen d'icelles
graces se passer de l'vsage des femmes. Ce
qu'ayāt ouy ces pauures gens ils demeure-
rent tous estonnez , & comme hors d'eux
mesmes admirant la saincteté de ces Propheres, & de la en auant ils les ont eu en
plus grande veneration , s'estimans bien-
heureux de leur donner leurs enfans à ce
qu'il les baptisent, & instruisent en nostre
saincte foy : ainsi qu'il se pourra voir par la
lettre suiuante, que lesdits Peres ont escrit
à vn honorable marchāt de Rouen nommé Monsieur Fermanet, qui est vn de leurs
grands bien facteurs, laquelle nous auons
bien voulu mettre icy, à ce que l'on voie
que nous n'y mettons rien du nostre, ains
purement & simplement, le mettons selon que nous l'auons leu ez lettres, & en-
tendu de personnes dignes de foy, qui les
ont veues, nous mettons aussi ceste lettre
pource qu'il y a dans icelle des particularitez qui ne sont point aux autres. La lettre est celle qui suit.

LETTRE QVE LES PERES Capucins ont escrit à Monsieur Fermanet.

MONSIEVR, Dieu vous donne sa saincte paix. Apres tant de coniuratiõs
que vous nous fistes à nostre departement
de vous rescrire, nous nous fussions sentis
par trop coulpables, de manquer à vous
mander des nouuelles de nostre bon pays,
lesquelles sont tres-bonnes, graces à Dieu.
Nous y sommes arriuez heureusement
apres auoir flotté quatre ou cinq mois sur
la mer. Au reste nous auons esté receuz
honorablement des Indiens, ie dis honorablement selõ leur rusticité, mais il n'im-
porte en quelle maniere que se puisse e-
stre, pourueu qu'ils rendent le tesmoignage de leur bien-vueillance, ce qu'ils ont
faict & font encores tous les iours, nous a-
menans leur enfans pour les instruire, ce
que nous esperons de bien faire auec l'aide de Dieu. Au retour de Monsieur de
Rasilly qui sera dedans deux ou trois mois
nous vous pourrons mander le nombre
des conuertis, & de ceux qui sont nouuel-
lement baptisez. quant au pays il est fort
bon, & espere-on d'en tirer force petum,

& force Rouçou, il s'y trouue des maintenant force fuccre, de fort belles pierres,
& de l'âbre gris, & tient-on qu'à 20. lieües
d'icy il y a vne mine d'or, n'eſtoit la trop
grand haſte que nous auons, nous vous en
manderions d'auantage : mais eſtans trop
preſſez nous ne la vous ferons plus lon-
gue. Vous baiſant tres-humblement les
mains, nous recommandant à Madame
voſtre femme, & ſomme, à vous & à elle.

Vos tres-humbles ſeruiteurs en noſtre
Seigneur, Frere Claude d'Abbeuille,
& Frere Arſene de Paris.

RELATION D'VN MATELOT
venu du meſme pays, faite au R. P. Gardien
du Haure de grace, dequoy il donne aduis
au R. P. Commiſſaire.

REuerend Pere, humble ſalut en noſtre Seigneur, Ce mot eſt pour vous
donner aduis comme ce iourd'huy m'eſt
venu trouuer vn matelot, lequel a veu &
parlé à nos freres à Maragnon aux Topinabas auquel lieu ils arriuerent tous en bonne ſanté ſans aucun empeſchement enuiron le 8. de Iuillet. Le Matelot à enten-
du leur Meſſe, où ſe trouua quelque vieil
Sauuage du pays, qui conſidera tout ce qui

s'y auoit, auec enuiron vingt cinq ou trente autres auec luy. Quant ce vint à la consecration & eleuation de la saincte Hostie
on abaissa vne toille, dequoy ils s'estonne-
rent pourquoy on auoit fait cela? Surquoy
estans satisfaits, incontinent furét publier
par tout ce qu'ils auoient veu, de sorte que
depuis il leur est venu grád nombre d'hõ-
mes de ces Sauuages pour les ayder à faire leur logement, & le fort qu'ils ont com-
mencé. Le Matelot en est party le vingt-
deuxiesme d'Aoust dernier, dedás le vaisseau de Moisset dont il auoit donné la cõ-
duite au Sieur du Manoir auquel il croit
que noz freres auront donné leurs lettres,
ou à quelqu'autre chef du vaisseau, qui me
gardera de vous escrire d'autres particularitez. Ils n'ont pas changé la couleur de
l'habit, & ne la changeront, leur habit est
seulement d'vne estoffe plus legere que le
nostre, à cause de la chaleur. Dieu soit loué
de tout, & leur face la grace d'y fructifier
à la gloire de son sainct nom, & exaltati-
on de la saincte foy de son Eglise.
Ie suis de vostre R. le plus seruiable en Ie-
sus Christ. Du Haure ce 12. Nouéb. 1612.

F. Theophile, Capuçin indigne.